D1670208

Liebe Eltern,

jedes Kind ist anders. Eines kennt bereits alle Buchstaben in der Vorschule und kann sie zu Worten formen. Ein anderes lernt das ABC beim Eintritt in die Schule. Für das spätere Leseverhalten ist das völlig unerheblich. Wichtig aber ist der Spaß am Lesen – und zwar von Anfang an. Darum muss sich die konzeptionelle Entwicklung von Lesetexten an den besonderen Lernentwicklungen des einzelnen Kindes orientieren.
Wir haben deshalb für unser Bücherbär-Erstleseprogramm verschiedene Reihen für die Vorschule und die ersten beiden Schulklassen entwickelt. Sie bauen aufeinander auf und holen die unterschiedlich entwickelten Kinder dort ab, wo sie sind.

Die Bücherbär-Reihe *Kleine Geschichten* richtet sich in der Regel an Leseanfänger im zweiten Halbjahr der 1. Klasse. Die kurzen Geschichten rund um ein beliebtes Thema sind besonders gut zum allerersten Selberlesen.

Barbara Zoschke
Ponygeschichten

Barbara Zoschke

Ponygeschichten

Bilder von Milada Krautmann

Arena

MIX
Papier aus verantwor-
tungsvollen Quellen
FSC® C110508
FSC
www.fsc.org

7. Auflage 2013
© Arena Verlag GmbH, Würzburg 2003
Einband und Innenillustrationen von Milada Krautmann
Alle Rechte vorbehalten
Gesamtherstellung: Westermann Druck Zwickau GmbH
ISBN 978-3-401-70370-1

www.arena-verlag.de

Inhalt

Eine besondere Vorstellung

Das ist Carla.

Carla liegt im Bett.

Das Bett steht im Zirkuswagen.

Der Zirkuswagen steht auf einem Acker.

Neben dem Acker ist eine Schule.

Als Carla daran denkt,

reißt sie die Augen auf.

Jetzt ist sie hellwach

und springt aus dem Bett.

Leise zieht sie sich an.

Mama, Papa und Mario schlafen noch.

Denn heute ist Ruhetag.

Kein Training, keine Vorstellung.

Wie langweilig!, findet Carla.

Carla schlüpft zur Tür hinaus.

Vor dem Wagen steigt sie

in ihre Gummistiefel,

damit sie durch den Matsch

waten kann.

Als sie sich dem Stall nähert,
hört sie Carlino wiehern.
Carla öffnet die Tür
von Carlinos Box
und drückt ihre Nase
in seine Mähne.
„Guten Morgen, Carlino."
Carlino schnaubt.

Carla gibt Carlino frisches Wasser
und Hafer.
Dann kratzt sie seine Hufe sauber
und striegelt sein Fell,
bis es glänzt.
„Heute musst du besonders
schön sein", sagt Carla,
„denn wir gehen in die Schule."
Sie zeigt auf das große Haus.
Carlino macht einen Schritt zurück.
„Keine Angst",
sagt Carla lachend.

„Die Lehrerin ist sehr nett."
Frau Rahn, die Lehrerin der 1b,
war gestern in der Vorstellung.

Sie hat ganz laut geklatscht,
als Carla auf Carlinos Rücken stand.
Nach der Vorstellung
hat Frau Rahn gefragt,
ob Carla sie am nächsten Tag
in der Schule besuchen kann.
Mit Carlino!
Die Kinder aus der 1b
hatten schon Hunde,
Wellensittiche, Katzen
und Meerschweinchen
zu Besuch.
Aber noch kein Pony.
Carla lächelt stolz.

Sie legt Carlino das Halfter um.
Dann bindet sie den Strick daran
und führt Carlino aus dem Stall
durch den Matsch zum Tor hinaus.

Carla und Carlino gehen
ein kleines Stück über die Straße.
Da ist schon die Schule.
Auf dem Schulhof ist niemand zu sehen.
Alles ist ganz still.
Carla schaut sich um.
Plötzlich fliegt eine große Tür auf,
und die Kinder der 1b rennen auf sie zu.

Als Letzte kommt die Lehrerin.

Sie gibt Carla die Hand.

Alle Kinder möchten

einmal das Pony streicheln.

Das dürfen sie.

Alle Kinder möchten,

dass Carlino

über den Schulhof trabt

und Carla auf seinem Rücken turnt.

Aber das darf Carla nicht.

„Heute gibt es keine Vorstellung",

　　sagt Carla bedauernd.

　　　　　Dann stellen die Kinder Fragen.

　　　　　„Wie alt ist Carlino?"

　　　　　„Wächst Carlino noch?"

　　　　　„Wie heißt die Rasse?"

　　　　　„Was frisst Carlino?"

　　　　　„Gehört er dir allein?"

Carla gibt auf alle Fragen
ganz ausführliche Antworten.
Carlino ist fünf Jahre alt
und ausgewachsen.

Er ist ein Shetlandpony.
Die sind alle so klein.
Am liebsten frisst er
Möhren und Brot.
Die Kinder der Klasse 1b
hören gespannt zu.

Als es zur Pause klingelt,
klatschen sie Beifall.
„Das war eine ganz besondere Stunde!",
findet die Lehrerin.
Dann verbessert sie sich.
„Ich meine natürlich:
Eine ganz besondere Vorstellung!"
Da lacht Carla und verbeugt sich.

18

Rosa, das Pony-Mädchen

Rosa hat eine Schwester.

Sie heißt Marit.

Marit ist schon groß.

Sie geht in die vierte Klasse.

Rosa geht noch in den Kindergarten.

Und sie findet alles,

was Marit macht, ganz toll.

Marit ist verrückt nach Pferden.

Ganz besonders gern

mag sie Ponys.

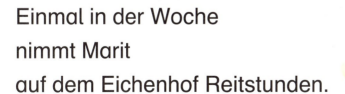

Einmal in der Woche

nimmt Marit

auf dem Eichenhof Reitstunden.

Rosa will auch auf Ponys reiten,
wenn sie groß ist.
Marit trägt Pony-Pullover
und Pony-T-Shirts.
Sie hat einen Pony-Schulranzen,
das passende
Pony-Federmäppchen
und den Turnbeutel dazu.
Bleistifte, Radiergummi,
Spitzer, Hefte,
Trinkflasche und Geldbeutel:
alles mit Ponys!

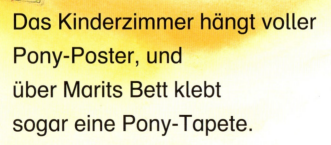

Das Kinderzimmer hängt voller
Pony-Poster, und
über Marits Bett klebt
sogar eine Pony-Tapete.

Am Abend liest
Mama Rosa und Marit
eine Ponygeschichte
zum Einschlafen vor.

„Wenn du so weitermachst, Marit",
sagt Mama
und klappt lachend das Buch zu,
„dann wirst du bald selbst zum Pony."

Dann gibt Mama ihren beiden Töchtern
je einen Gutenachtkuss.
„Träumt was Schönes",
sagt sie
und macht das Licht aus.
Marit ist bald eingeschlafen.
Aber Rosa liegt noch wach.
Sie überlegt:
Wenn Marit ein Pony wird,
dann will ich auch
ein Pony sein!
Rosa steht wieder auf
und schleicht sich
ins Badezimmer.

Da schaut sie in den Spiegel.

Ihre Augen sind

fast so braun

wie die von Racker.

Racker ist Marits Lieblingspony.

Ein guter Anfang,

denkt Rosa.

Sie kämmt ihre Haare so,

dass sie an allen Seiten

gleichmäßig herunterhängen.

Die Haare vom Hinterkopf

bindet sie

mit einem Haargummi zurück.

Jetzt hat sie

einen Pferdeschwanz.

Die Haare über der Stirn

schneidet sie

mit Mamas Schere ab.

Jetzt hat sie einen Pony.
Aber leider noch kein Fell.

Braun soll es sein und ganz weich.
So wie bei Racker.
Rosa geht ins Schlafzimmer.
In Mamas großem Kleiderschrank
findet sie den alten Pelzmantel von Oma.
Rosa nimmt den Pelzmantel
vom Kleiderbügel
und steckt ihre Arme hinein.

Die Ärmel sind zu lang.
Mit der Schere
aus dem Badezimmer
schneidet Rosa die Ärmel ab.
Das ist mühsam.
Schließlich schaut Rosa
zufrieden in den Spiegel
und wiehert zur Probe.
Das ist lustig.

Sie lässt sich auf alle viere hinab.
Die Badezimmertür
ist nur angelehnt.
Rosa kann sie
mit dem Kopf aufstoßen.

Dann geht sie
auf Händen und Knien in ihr Zimmer.
Rosa prustet,
dass die Lippen schlabbern.

Sie setzt die Vorderbeine
auf die Bettkante
und springt ins Bett.
Sie gähnt
und legt sich auf die Seite.
Ihre Wange berührt
das warme, weiche Fell.
Rosa schließt glücklich die Augen.
Wenn Mama sie morgen weckt,
wird sie aber staunen
über das Pony-Mädchen im Bett!

Sebastian bei den Indianern

Sebastian schaltet
den Computer ein.
Aufgeregt betrachtet er
den Indianer
auf dem Bildschirm
und lauscht gespannt
seiner dunklen Stimme:

„Willkommen im Land der Hunkpapa",
sagt er und erklärt das Spiel:

„Gehe ins Lager unserer Feinde,
und entführe Tutchi,
das Pony des Häuptlings.
Wer sich erwischen lässt,
kommt an den Marterpfahl.
Wer Tutchi entführt,
wird selbst zum Häuptling."

Sebastian schiebt seinen Reiter
mit der Maus auf ein geschecktes Pony.
Dann reitet er los.
Da ertönt ein lautes Krachen.
Oje! Sebastian ist gegen
einen Baum geritten
und vom Pferd gefallen.
Sebastian rappelt sich auf
und schwingt sich wieder
auf den Pony-Rücken.

Er muss gut aufpassen.
Bäume schießen
    aus der Erde
        und stellen sich ihm
            plötzlich in den Weg.
                Büffelherden kreuzen
                trampelnd seinen
                Pfad.
                    Sebastian drückt die
                Beine fest
            an den Pony-Bauch
            und greift mit den
Händen in die Mähne.
Er möchte
allen Hindernissen ausweichen
und nicht vom Pony fallen.
Endlich sieht er
das Zeltlager der Feinde.

Ihre Ponys grasen friedlich.
Sebastian zieht die Zügel an.
Er schmiegt sich eng an sein Pony,
damit er unentdeckt bleibt.
So nähert er sich vorsichtig
der Pony-Herde auf der Wiese.
Sebastian erkennt Tutchi sofort.
Das Pony des Häuptlings
ist bunt bemalt.

In seinen Schweif
sind rote Federn geflochten.
Sebastian lässt Tutchi
nicht aus den Augen.

Doch plötzlich preschen
im vollen Galopp und
unter schrillen Schreien
die Feinde auf Sebastian zu.
Sie schießen Pfeile auf ihn ab.
Tutchi wiehert und flüchtet.
Sebastian hat Angst.
Sein Herz klopft laut.
Er will nicht an den Marterpfahl.
Er will Häuptling sein.
Sebastian drückt seinem Pony
die Fersen in die Seite
und jagt hinter Tutchi her.
Die Feinde folgen ihm.

Aber Sebastians Pony ist schnell.
Es überholt das fliehende Pferd.
Jetzt wendet Sebastian
und reitet auf
Tutchi zu.

Vorsichtig beugt er sich zur Seite.
Er hält sich nur noch
mit einer Hand an der Mähne fest.
Mit der anderen greift er nach Tutchi,
die auf ihn zugaloppiert.
Hinter sich hört er
das Kriegsgeheul der Feinde.
Sie sind ihm dicht auf den Fersen.
Sebastian streckt sich.
Er macht sich ganz lang.
Er sieht Tutchis Fell
vor Schweiß glänzen.

Tutchi will an ihm vorbeilaufen,
doch im letzten Augenblick
berührt Sebastian das Pony
mit den Fingerspitzen
am Schweif.

Sofort verstummt
das Kriegsgeheul der Feinde,
und Tutchi bleibt stehen.

Sebastian lacht
und klatscht in die Hände.
Er hat es geschafft.
Zufrieden sinkt er in den Stuhl.
„Bravo", hört er
den Indianer sagen.
„Tutchi gehört nun dir.
Du bist der neue Häuptling."

Sebastian schaltet
den Computer aus.
Als er aus dem Zimmer geht,
hört er ein leises Wiehern.
Erstaunt dreht er sich noch einmal um.
Vor dem Bildschirm liegt
eine große Feder.
Sie ist rot.

Ein rätselhafter Ausritt

Lara und ihre Mutter machen Ferien
auf dem Campingplatz
in Frankreich.
Der Campingplatz
ist sehr groß
und liegt mitten im Wald.
Hinter der Düne
rauscht das Meer.

Und gegenüber vom Parkplatz
stehen die Ponys.
Am Weidezaun hängt ein Schild,
auf dem Lara liest:

30min =
5 Euro

„Darf ich?",
fragt sie ihre Mutter.
Die nickt, und Lara darf sich
ein Pony aussuchen.

Am liebsten mag sie Enigme.
„Du bist aber schön",
sagt sie zu dem kleinen Pony
mit dem weißen Fleck auf der Stirn.

Dann sitzt sie auf und reitet los.
Immer im Kreis.
Enigme versteht sofort,
was Lara von ihr will.
Sie geht im Trab und im Galopp
und sogar rückwärts.

Lara klopft dem Pony lobend
den Hals und sagt:
„Schade, dass wir
nur im Kreis reiten können."
Enigme wiehert leise,
wirft den Kopf zurück
und geht zum Weidezaun.

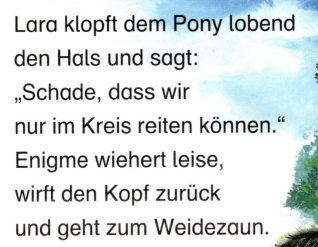

Vor dem Gatter
bleibt sie stehen.
Lara lacht:
„Was hast du vor?"
Da stupst Enigme das Gatter
mit der Schnauze auf.
Die Sonne blinzelt durch die Bäume.
Lara riecht den Duft der Pinien
und hört das Meer rauschen.
Enigme tänzelt erwartungsvoll.

Lara schaut sich um.

Ihre Mutter und der Pferdebesitzer

reden französisch und trinken Kaffee.

Laras Herz klopft vor Aufregung.

Dann lässt sie die Zügel locker.

Enigme schiebt sich geschmeidig

durch das Gatter und prescht los.

Lara duckt sich.

Das Pony galoppiert

quer durch den Wald,

dass die Äste knacken

und der Sandboden staubt.

Dann wird es langsamer,
fällt in Trab
und läuft über die Düne.
Als Lara sich aufrichtet,
bläst ihr der Wind ins Gesicht.
Sie breitet die Arme aus.

Jubelnd reitet sie
hinunter zum Strand.
„Juhu!"
Das kleine Pony galoppiert,
so schnell es kann,
am Wasser entlang.

Lara sieht auf dem Meer
die Schaumkronen tanzen.
Wie sie glitzern!
Wie hoch sie spritzen!
Plötzlich ragen Pferdeköpfe
aus ihnen heraus.

Lara zieht die Zügel an
und starrt gebannt aufs Wasser.
Da! Es sind vier Ponys,
die durch die Wellen galoppieren.
Sie wiehern!
Enigme dreht sich dreimal
um die eigene Achse,

dann steigt sie und wiehert,
als wollte sie antworten.
Lara staunt.
Doch plötzlich sind die Ponys weg.
Lara sucht das Meer mit den Augen ab.
„Wo sind sie nur?", rätselt sie.

Enigme wiehert noch einmal,
dann galoppiert sie
zur Weide zurück.
Laras Mutter und der
Pferdebesitzer
unterhalten sich
noch immer.

Sie haben den Ausritt nicht bemerkt.
Auf dem Heimweg muss Lara immer
an die Ponys im Meer denken.
Sie fragt ihre Mutter:
„Was bedeutet Enigme?"
Laras Mutter antwortet:
„Enigme heißt Rätsel."
Das passt, denkt Lara
und lächelt geheimnisvoll.